30분만에 기억시켜 주는
8급 한자여행

좋은 꿈 편집부　　신동원 백지원 강지숙 김필성 박민정
　　　　　　　　박샬롬 이종근 최경희 이성모

3달 걸리던 8급 한자!
30분만에 완성합니다!

이제 더 이상 외우지 마세요
내비게이션 기억법으로 메타인지 학습법으로
쉽고 재미있게 공부하세요

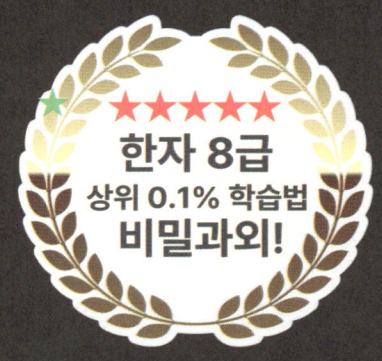

한자 8급
상위 0.1% 학습법
비밀과외!

전체 목차

프롤로그   04

이책의 활용법   05
한자능력 검정시험   08
내비게이션 기억법 번호 50 / 장소 50   12
한자 획의 종류   26
한자쓰는 순서 : 기본원칙 9가지   27

제0장 0~9번 한자   38
제1장 10~19번 한자   60
제2장 20~29번 한자   82
제3장 30~39번 한자   104
제4장 40~49번 한자   126

에필로그   148

한자 50자의 길을 1시간 만에 걷는 법

한자는 모양, 소리, 뜻이 함께 담긴 특별한 문자입니다. 단순한 기호가 아니라, 하나의 글자가 그 자체로 의미를 품고 있고, 이야기와 원리를 가지고 있습니다. 8급 한자 능력검정시험은 그런 한자의 세계로 들어가는 첫 관문입니다.

이 시험은 가장 기초적인 한자 50자를 중심으로 읽기능력을 평가합니다. 초등학교 저학년 학생들이나 한자를 처음 접하는 입문자들이 이 시험을 통해 한자의 기본 구조를 이해하고, 어휘력을 넓히는 계기가 될 수 있습니다.

하지만 "50자를 외우는 데 시간이 얼마나 걸릴까?" 하는 걱정이 앞서기도 하지요. 이 책에서 활용할 '내비게이션 기억법'과 '메타인지 학습법'을 활용하면, 통상 몇 개월씩 걸리던 이 한자 50자도 단 1시간 만에 익히는 것이 가능합니다.(사실은 강의를 듣고 이해를 하면 20분만에도 기억이 가능합니다.)

이 책은 기존 학습 방법과는 완전히 다른 방법으로 접근을 합니다. 누구라도 쉽게 처음 시작할 수 있고, 즐겁게 학습할 수 있고, 또 혼자서 하는 것이 아니라 함께 같이 소통하면서 할 수 있는 학습법을 담았습니다.

이 책의 방식으로 학습 한다면 누구라도 쉽고 빠르게 그리고 정확하게 오랫동안 기억되는 체험을 하시게 될 것입니다. 이 방식대로 하다보면, 여러분은 1시간 만에, 아니 20분 만에도 한자 50자를 기억하게 될 것입니다.

이 책은 그 여정에 꼭 필요한 지도이자 나침판이 되어줄 것입니다.
여러분의 한자 학습의 첫 걸음을 응원합니다.

프롤로그

"한자 50자, 1시간 안에 끝낼 수 있다고요?"
한자는 그냥 그림이나 기호가 아니에요. 글자 하나하나에 뜻도 있고, 소리도 있고, 모양도 있어요. 한 글자 안에 재미있는 이야기와 비밀이 숨어 있답니다.

우리가 배우게 될 8급 한자 시험은, 바로 이 한자의 세계로 들어가는 첫 번째 문이에요. 아주 쉬운 50글자만 잘 읽고 이해하면 되는 시험이에요. 그래서 초등학교 저학년 친구들이나 한자를 처음 배우는 친구들이 배우기 딱 좋아요.

그런데 혹시 "50자를 다 외우려면 몇 달이나 걸릴까?" 하고 걱정하고 있나요?
걱정하지 마세요! 이 책에는 '내비게이션 기억법'이라는 아주 특별한 공부 방법이 들어 있어요. 이 방법을 쓰면, 몇 달 걸릴 것도 없이, 단 1시간 안에 50자를 다 외울 수 있어요!

심지어 선생님의 설명을 듣고 바로 이해하면, 30분 안에도 가능하답니다!
이 책은 어려운 문제집이 아니에요. 게임처럼, 여행처럼, 이야기로 한자를 배우는 아주 재미있는 책이에요.

혼자 외우지 않아도 되고, 친구나 선생님과 같이 이야기하며 배울 수 있어요.
즐겁게 시작하고, 빠르게 기억하고, 오래오래 잊지 않게 도와주는 선물같은 책입니다.

이 책은 여러분이 한자 여행을 시작할 수 있도록 도와주는 지도이고, 길을 잃지 않게 해주는 나침판이에요.
이제 여러분 차례예요! 우리 함께 한자 50자를 배우고,
그 산을 훌쩍 넘는 기분 좋은 첫 걸음을 시작해 볼까요?

여러분의 멋진 도전을 응원해요!

이 책의 활용법

기억의 지도를 그리는 '내비게이션 기억법

우리가 처음 가는 길을 내비게이션으로 따라가듯, 한자도 그림처럼 구조화된 '기억 지도'를 통해 익힐 수 있습니다. 우리는 학습을 위해서 특별히 고안된 내비게이션 기억법을 탑재함으로써 한자를 순서대로 기억할 수 있도록 번호와 그 번호를 더 구체적으로 기억할 수 있는 장소를 연결함으로써 번호와 장소 그리고 한자가 삼위일체로 연결되는 학습법을 활용함으로써 기존의 학습법보다 압도적으로 좋은 성과를 나타내게 됩니다

스스로 묻고 답하는 '메타인지 학습법

메타인지 학습은 내가 무엇을 알고, 무엇을 모르는지를 인식하며 공부하는 방법입니다. 한자를 익힐 때 다음과 같은 질문을 스스로에게 던져보세요

"이 글자는 무슨 뜻이지?"
"이 글자의 부수는 뭐였지?"
"다른 비슷한 글자와 헷갈리지는 않나?"

이렇게 질문하면서 학습하면 단순한 암기가 아니라 의미 기반의 기억이 형성됩니다. 공부한 뒤에는 빈 종이에 스스로 글자를 써보거나, 문제를 직접 만들어보며 '진짜 내 것이 되었는지'를 확인하세요. 이것이 바로 학습의 효율을 높이는 메타인지 전략입니다.

메타인지 학습법의 극대화를 위해서 학습한 내용을 바로 워크북을 통해서 스스로 생각할 수 있는 시간과 페이지를 제공 하였습니다 이 워크북을 활용한다면 누구라도 쉽게 한자 학습을 마무리할 수 있을 것입니다

50자 학습, 1시간에 뽀개기 학습 루틴

10개씩 5개 그룹으로 묶어서 10분에 10개 기억하기

한자를 10개 단위로 기억하는 것을 추천드립니다. 내비게이션 기억법은 십진법을 활용해서 순서대로 공부한 내용을 기억시켜 주는 학습법입니다. 이렇게 10개씩 다섯 단계를 거치면 50개 한자를 기억하게 되는 것입니다. 지금까지의 학습법과는 차원이 다른 방법으로 무작정 외우기만 했던 방법에서 벗어나 뇌에 부담을 주지 않는 방법입니다.

머릿속에서 상상하고 연결시킴으로써 여행하듯이 게임하듯이 학습하게 되는 방식이 될 것입니다. 이미 20년 이상의 학습 데이터로 검증된 방법이 있기 때문에 누구라도 쉽게 학습이 가능할 것입니다.

이 책에서는 50개 한자를 10개 단위의 스토리를 5그룹으로 만들어서 번호대로 순서대로 기억할 수 있도록 만들었습니다. 게다가 단어 한 가지씩 별도의 페이지를 만들어서 장소와 번호를 연결하는 스토리까지 만들어 제공을 해 드립니다.

응원합니다

내비게이션 기억법이라는 압도적 초격차의 학습효과를 나타내는 그 학습법의 원리만 터득하면 누구라도 쉽고 재미있게 게임하듯이 여행하듯이 학습을 하게 될 것이고 학습을 하는 여정 내내 즐거움이 가득할 것입니다.

실제로 우리가 책을 출간하면서 작가들과 함께 훈련을 한 결과 내비게이션 기억법이 탑재되면 30분 만에 50개 한자를 순서대로 다 기억할 수 있었고 복습하는데는 채 1분이 걸리지 않았습니다. 이 학습법은 기억하기만 쉬운 것이 아니라 오랫동안 기억할 수 있는 최상의 학습 방법인 것은 이미 20년 이상 교육을 하면서 충분히 검증된 방식입니다.

이제는 누구라도 한자 아니라 다른 모든 학습을 이렇게 쉽게 할 수 있는 시대가 활짝 열렸습니다. 여러분도 이 방법을 적극 활용하셔서 학습 부담을 훌훌 털어내고 단기간에 최고의 학습 효과가 나는 것을 체험하시기를 응원합니다.

한자능력 검정시험

국가공인 전국한자능력검정시험 시행기관
사단법인한국어문회

한자능력검정시험은 한국어 문해력 향상과 한자의 올바른 사용을 장려하기 위해 시행되는 자격시험으로, 한국어 사용자가 한자에 대한 이해도를 평가받을 수 있는 국가 공인 민간자격입니다.

주관 기관: 한국어문회

자격 종류: 국가 공인 민간자격

목적: 한자의 정확한 이해와 사용 능력 향상, 실생활 및 학술적 활용 능력 평가

시험 등급
 8급 ~ 특급

 한자 8급 시험 : 50개의 한자 읽기능력 시험

한국어문회

한자능력검정시험 주관기관

1566-1400

https://www.hanja.re.kr

| 국한혼용 | 학술연구 | 한자능력급수 | 한자지도사 |

2025년 한자지도사자격검정시험

시행회	접수기간	시험일	발표일
제71회	01.13-01.17	02.22	03.21
제72회	04.14-04.18	05.24	06.20
제73회	07.14-07.18	08.23	09.19
제74회	10.13-10.17	11.15	12.12

제109회 전국한자능력검정시험

- 접수기간 : 2025.04.14~2025.04.18 (인터넷접수만 시행)
- 시험일 : 2025.05.24
- 발표일 : 2025.06.20

| 인터넷접수 | 합격발표 |
| 접수처&고사장 확인 | 기출문제 |

제72회 한자지도사자격검정시험

- 접수기간 : 2025.04.14~2025.04.18 (인터넷접수만 시행)
- 시험일 : 2025.05.24
- 발표일 : 2025.06.20

| 원서접수 | 합격발표 |
| 고사장 | 기출문제 |

난정장학금 총 7,297명 21억7천7백6십만원 (2025년2월기준)	한자검정 수시시험
	급수진단
어문연구 논문투고	어문논문상

어문생활290호(2025.3)

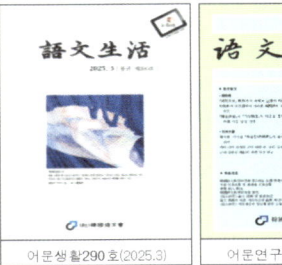

어문연구205호(2025.3)

급수 배정 및 출제 기준

(한자 수)

구분	1급	2급	3급	3급II	4급	4급II	5급	6급	6급II	7급	8급
읽기 배정 한자	3500	2355	1817	1500	1000	750	500	400	300	150	50
쓰기 배정 한자	2005	1817	1000	750	500	400	300	150	50	-	-

(문항 수)

구분	1급	2급	3급	3급II	4급	4급II	5급	6급	6급II	7급	8급
독음	50	45	45	45	30	35	35	33	32	32	24
한자 쓰기	40	30	30	30	20	20	20	20	10	0	0
훈음	32	27	27	27	22	22	23	22	29	30	24
완성형	15	10	10	10	5	5	4	3	2	2	0
반의어	10	10	10	10	3	3	3	3	2	2	0
뜻풀이	10	5	5	5	3	3	3	2	2	2	0
동음이의어	10	5	5	5	3	3	3	2	0	0	0
부수	10	5	5	5	3	3	0	0	0	0	0
동의어	10	5	5	5	3	3	3	2	0	0	0
장단음	10	5	5	5	5	0	0	0	0	0	0
약자	3	3	3	3	3	3	3	0	0	0	0
필순	0	0	0	0	0	0	3	3	3	2	2
출제 문항 수	200	150	150	150	100	100	100	90	80	70	50
합격 문항 수	160	105	105	105	70	70	70	63	56	49	35

(분)

구분	1급	2급	3급	3급II	4급	4급II	5급	6급	6급II	7급	8급
시험 시간	90	60	60	60	50	50	50	50	50	50	50

한자 능력 검정시험 급수별 한자 수

사단법인한국어문회 주관
전국한자능력검정시험

급수별 배정한자

8급	7급 II	7급	6급 II	6급
50字	100字	150字	225字	300字
5급 II	5급	4급 II	4급	3급 II
400字	500字	750字	1,000字	1,500字
3급	2급	1급	특급 II	특급
1,817字	2,355字	3,500字	4,650字	5,978字

※ 어문회에서 안내하는 준특급 배정한자 4,918字는 완성형의 중복 한자 268字를 중복 집계한 잘못된 수치임.

문제 유형

[펼치기 · 접기]

출처: 나무위키

내비게이션 기억법

우리는 지금까지 학습한 내용을 기억하기 위해서 수십 번씩 외우고 쓰고 했었습니다. 그러나 이 방식은 오랜 시간이 걸리고 많은 반복횟수가 필요합니다.

그래서 지금까지는 공부를 잘하는 사람은 타고난 머리가 좋아야 되고 거기에 오랜 시간 책상에 앉아 있어야 하는 미덕을 가지고 있어야 했습니다.

그러나 이 두 가지 조건을 모두 가지고 있는 사람은 정말 흔하지 않습니다. 대부분의 사람들은 둘 중에 하나밖에 가지고 있지 않는 것입니다. 심지어 둘 다 없는 경우도 너무 많을 것입니다.

그러나 이제는 내비게이션 학습법으로 인해서 이런 학습법보다 효과가 수 십 배가 넘는 것이 확인되었습니다.

내비게이션 기억법은 아주 단순합니다 먼저 번호를 설정합니다.
거기에 장소를 연결합니다 . 거기에 내가 학습한 내용을 연결합니다
이것이 끝입니다.

번호, 장소, 학습한 내용이 3개만 연결하면 모든 학습이 어떤 학습법보다 쉽게 기억하는 것을 체험하시게 될 것입니다.

여기에는 아무런 다른 학습 조건이 없습니다.

단지 번호를 100개 정도 기억하고 장소를 100개 정도 기억하면 학습할 내용이 100개면 이 안에서 모두 해결이 됩니다.

처음에는 10개부터 시작하면 되는 것입니다.
이 책에서는 0부터 9까지가 열 개입니다.

다만 책 1 권을 다 기억하기에는 100개 가지고는 부족하기 때문에 추가로 장소를 1200개를 만든 것입니다. 그래서 어떤 책이라도 내비게이션 기억법에 적용을 하면 책 1 권도 순서대로 기억할 수 있게 되는 것입니다.

물론 책 내용을 토씨 하나 틀리지 않게 기억할 필요는 없습니다. 목차를 기억하든지 키워드를 기억하든지 공식을 기억하든지 하는 방법을 통해서 압축적으로 기억하면 되는 것입니다.

물론 시나 노래 가사 팝송 가사들은 완벽하게 기억을 해야 합니다. 그러나 그런 것들은 번호, 장소 20개 정도면 모두가 완벽하게 마무리되는 것입니다.

한자 8급 50자도 기존의 방법으로는 몇 달씩 걸린다고 합니다. 그러나 이렇게 학습하는 방법은 진도가 다 끝나서 마무리가 됐더라도 책을 덮으면 생각이 나지를 않습니다.

학습한 내용은 시간이 지나면서 점차 기억이 희미해지고 반복을 계속하지 않으면 기억하기 어려운 상태가 됩니다. 그러나 복습은 너무나 괴롭고 지루한 과정이기에 이것을 실천하는 사람은 거의 없는 것이 현실입니다.

 그러나 당사가 제공해 드리는 방법의 원리를 알고 학습을 하면 30분 만에 학습을 다 마무리할 수 있고 오랫동안 기억이 나게 되는 것입니다.

이 책에서는 그 방법을 집중적으로 알려드리고 훈련하게 해 드립니다. 처음이라 좀 생소하면 유튜브를 검색하시면 충분히 그 원리를 학습하실 수 있습니다. 물론 이 책이 나온 후 각 파트별로 영상이 제작이 되어서 추가로 제공이 될 것입니다 .

이 템플릿의 활용 방법

1. 먼저 번호 50개를 기억합니다. 3개를 예를 들어보면
   0번 빵집
   1번 금메달 2번 서울사는 영이 3번 김영상 대통령

2. 그 다음에는 장소 50개를 기억합니다
   0번 일자산 허브천문대
   1번 암사동 선사유적지 2번 태양광 발전소
   3번 고덕 V센타

3. 이번에는 번호와 장소 숫자를 연결해서 기억합니다
   0번을 연결하면 일자산 허브천문공원에 빵집이 있습니다.
   이렇게 연결하면 됩니다

4. 마지막으로 번호 번호 장소에 내가 학습하고자 하는
   내용을 연결시킵니다
   허브 천문 공원 빵집에 10명 이 모였습니다 (＋ 기억하기)
   이렇게 연결합니다

5. 그 내용들을 가지고 스토리를 만듭니다
   그러면 모든 것이 완성됩니다
   이것이 내비게이션 기억법의 원리 입니다

   외우지 않아도 여행하듯이
   게임하듯이 저절로 학습이 되는 방법입니다

내비게이션 기억법으로 학습하기

스토리
일자산 허브천문공원 앞 빵집에서 십자 모양이 새겨진 빵을 샀다

1. 우리는 0의 이미지를 한국인이 영과 공, 빵 이렇게 발음을 하는 것에 착안해서 구체적으로 이미지를 만들 수 있는 이미지로 빵을 선택했고 빵을 만드는 가게를 상정해서 빵집이라고 이름을 붙인 것입니다

2. 물론 번호만 가지고도 50개 한자는 충분합니다 그러나 한자가 앞으로 수천 개가 넘는 한자가 나오기 때문에 백 개가 넘는 경우에는 장소가 있으면 훨씬 효과가 좋습니다. 그래서 서울의 강남 지역에 가장 동쪽에 있는 지역인 강동구부터 내비게이션 기억법이 출발한 것입니다 그 강동구 중에서 일자산 허브천문공원부터 여행을 시작하는 것으로 설정을 했습니다.

결국 이 두 개념이 합쳐져서 일자산 허브천문공원 안에 있는 빵집이라는 이미지가 완성이 된 것입니다. 여기에 열 10 자라는 8급 한자 이미지를 연결한 것입니다. 이 3개의 이미지를 연결해서 스토리를 만들고 그것을 이미지를 만들어서 완성한 것입니다.

내비게이션 기억법 번호 50

00

00. 빵집

01. 금메달, 1등

**02. 영이
서울에 사는 영이**

**03. 산삼
김영삼대통령**

**04. 공사
공군사관학교**

**05. 영어
엘리자베스 여왕**

06. 공유기

07. 007영화, 손흥민

08. 팔도라면

09. 영구, 공구상가

10

10. 십자가

11. 빼빼로

12. 112신고 경찰차 출동

13. 13일의 금요일

14. 114 공중전화부스

15. 보름달

16. 일류 요리사 파파게티

17. 117학폭신고, LG그램 17노트북, C-17미군수송기

18. 신발, 욕

19. 119소방차

20

20. 이순신, 이영자

21. 21세기병원 2NE1

22. 아기공룡둘리

23. 마이클조던

24. 이삿짐센터

25. 6.25전쟁

26. 비행기이륙

27. 이층버스

28. 이팔청춘 악어이빨

29. 이구아나

30

30. 삼성전자

31. 3.1운동

32. 사미인곡

33. 삼겹살

34. 3사관학교

35. 사모곡

36. 36계 줄행랑

37. 신생아 37일 산후조리기간

38. 3.8선

39. 삼국지

40

40. 뱃사공

41. 미사일

42. 싸이, 사이다

43. 제주 4.3사태

44. 사약, 사사

45. 사오정

46. 사육신

47. 사치스런 된장녀

48. 사파리

49. 사사구

내비게이션 기억법 장소 50(서울강남)

강동구

00

00. 일자산 허브천문공원

01. 암사동 선사유적지

02. 암사 태양광발전소

03. 고덕 V 센터

04. 광진교 8번가

05. 한강 광나루 드론공원

06. 한국 점자 도서관

07. 천호 문구완구거리

08. 천호 로데오거리
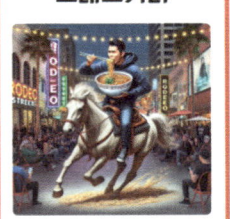

09. 강풀 만화거리

10 송파구

10. 서울아산병원

11. 몽촌토성

12. 한성 백제 박물관

13. 한국 체육대학

14. 잠실 종합운동장

15. 롯데월드 매직 아일랜드
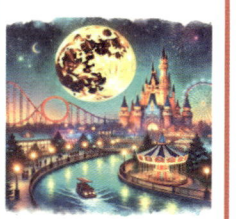

16. 석촌호수 삼전도비

17. 가락동시장

18. 경찰병원

19. 가든 파이브

강남구

20

20. 압구정 로데오거리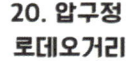

21. 현대백화점

22. 압구정고

23. 도산공원

24. 국기원

25. 타워팰리스

26. 삼성서울병원

27. 삼릉공원 (선릉)

28. 코엑스

29. 봉은사

서초구 30

30. 세빛섬

31. 고속 버스터미널

32. 카톨릭대학교 성모병원

33. 방배동 카페 골목

34. 대법원

35. 예술의전당
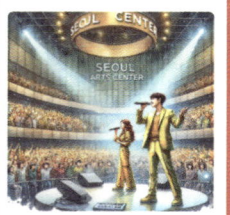

36. 양재 시민의숲 윤봉길 의사기념관

37. 헌인릉

38. 국가정보원
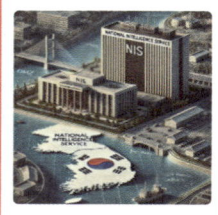

39. 서울 만남의 광장

동작구

40

40. 숭실대 기독교박물관

41. 중앙대학교

42. 원불교

43. 국립현충원

44. 노량진 수산시장

45. 노량진 고시학원가

46. 사육신공원

47. 보라매공원

48. 양녕대군묘 (지덕사)

49. 총신대학교

획의 종류

1. 점 - 점을 찍는 획

2. 가로획 - 가로 긋는 획

3. 세로 - 세로로 긋는 것

4. 삐침 - 왼쪽 아래로 긋는 것

5. 파임 - 오른쪽 아래로 긋는 것

6. 삐쳐 올림 끝에서 오른쪽으로 삐쳐 올리는 것

7. 갈고리 내림 끝에서 왼쪽으로 삐쳐올리는 것

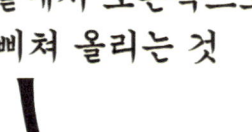

한자 쓰는 순서 : 기본원칙 9가지

1. 위에서 아래로(한방향) 상하(세로)

　　　　　　　　　　　　　금메달 딴 선수는 맨 위에

三, 言, 音, 亨

一　二　三

2. 왼쪽에서 오른쪽으로(한방향) 좌우(가로)

　　　　　　　　　　　　영이는 왼손잡이

川, 从(좇을 종)

丿　刂　川

3. 가로획을 먼저 쓰고 세로획은 나중에
(가로획과 세로획이 교차할 때 포함) 　가로세로/좌우상하

　　　　　　　　　　　　영삼이가 십자가 들고 있다.

十, 丁, 丰, 大, 木, 古

一　十

4. 좌우 대칭일 때에는 가운데 획을 먼저.

쌍둥이 건물 공사장 가운데 길이 나다

小, 水, 永

(참고) 좌우대칭 가운데 갈라진 모양은 나중에

亅 小 小   火

5. 몸(에운담 : 큰입구 몸)을 먼저. 몸 먼저

둘러싼 모양의 글자는 바깥쪽을 먼저 쓴다

여왕이 에운담 모양의 욕조에서 몸을 먼저 씻다

國, 同, 周

* 단 口의 아래 가로획은 글자의 가장 나중에 쓴다

丨 冂 冂 冂 同 同
冋 或 國 國 國

6. 글자 전체를 꿰뚫는 획은 나중에. 관통나중

(가로획이던 세로획이던 같은 원리)

공유기가 건물을 관통해서 높이 서 있다

中, 母, 事, 冊, 母

丶 口 口 中

* 참고 : 卋(대 세) 〉 관통먼저

7. 삐침 (㇒)과 파임(㇏) 함께 쓸 때 삐침 먼저.
007 영화를 찍다가 주인공이 삐지다

父, 八, 入
㇒ ㇒㇒ 夕 父

8. 오른쪽 위의 점은 맨 나중에 찍기. 우점나중
8도라면 먹다가 오른쪽 눈 위에 까만 점을 붙이다

代, 犬, 尤, 戈
㇒ 亻 代 代 代

9. 받침은 맨 나중에. 받침나중(책받침과 민책받침))
영구가 받침대를 맨 나중에 달다

建, 道
㇔ ㇔ 䒑 丷 䒑 䒑 䒑
首 首 首 䇂 䇂 道

* 좌우 분리한자는 왼쪽 먼저 마무리하고 오른쪽 쓰기
超, 題

그룹별 기억하기

1.그룹: 1,2,3

1. 금메달 딴 선수는 맨 위에
2. 영이는 왼손잡이
3. 영삼이가 십자가 들고 있다.

2.그룹:4,5,6

4. 쌍둥이 건물 공사장 가운데 길이 나다
5. 여왕이 에운담 모양의 욕조에서 몸을 먼저 씻다
6. 공유기가 건물을 관통해서 높이 서 있다

3.그룹:7,8,9

7. 007 영화를 찍다가 주인공이 삐지다
8. 8도라면 먹다가 오른쪽 눈 위에 까만 점을 붙이다
9. 영구가 받침대를 맨 나중에 달다

8급 한자 50개 기억하는 스토리 요약본

5개 그룹의 스토리만 기억하면 한자 50개는 순서대로 저절로 기억이 됩니다

그룹	한자	스토리
0그룹 (빵집)	十 一 二 三 四 五 六 七 八 九	빵집에 10명이 모여서 1부터 9까지 숫자 놀이하다
1그룹 (금메달)	女 先 生 月 火 水 木 金 土 日	금메달 딴 여선생이 일주일 동안 여행을 떠나다
2그룹 (영이)	王 白 人 大 韓 民 國 (國)軍 學 校	영이 남자친구는 백인왕(자) 대한민국 군학교에서 교육받다
3그룹 (김영삼)	教 室 父 母 兄 弟 東 西 南 北	김영삼 대통령이 교관으로 있는 교실에 왕의 부모형제가 동서남북에서 와서 참관하다
4그룹 (공사, 공군사관 학교)	寸 中 小 長 外 門 青 山 萬 年	손마디가 굵은 중소기업사장이 공사장에서 은퇴식 후 외문으로 나가서 청산에서 만년 동안 살다

그룹	한자	스토리
0그룹 (빵집)	十 一 二 三 四 五 六 七 八 九	빵집에 10명이 모여서 一부터 九까지 숫자 놀이하다

그룹	한자	스토리
1그룹 (금메달)	女先生 月火水木金土日	금메달 딴 **여선생**이 **일주일**동안 여행을 떠나다

월화수목금토일

그룹	한자	스토리
2그룹 (영이)	王 白 人 大韓民國 (國)軍學校	영희 남자친구는 왕 백인이야, 대한민국 군(사)학교에서 교육받다

그룹	한자	스토리
3그룹 (김영삼)	教室 父母兄弟 東西南北	김영삼 대통령이 교관으로 있는 교실에 왕의 부모형제가 동서남북에서 와서 참관하다

그룹	한자	스토리
4그룹 (공군사관학생,공사)	寸 中 小 長 外 門 靑 山 萬 年	(일을 많이 해서) 손가락 마디가 굵은 중소기업사장이 공사장에서 은퇴식 후 외문으로 나가서 청산에서 만년 동안 살다

빵집에서 숫자 놀이

맛있는 빵집에서 10명이
1부터 9까지 숫자 놀이 공부해요!

그룹	한자	스토리
0그룹 (빵집)	十 一 二 三 四 五 六 七 八 九	빵집에 10명이 모여서 一부터 九까지 숫자 놀이하다

00 十

十자는 상하좌우로 획을 그은 것으로 숫자 '열'을 뜻한다 그러나 갑골문에 나온 十자를 보면 단순히 세로획 하나만이 그어져 있었다. 고대에는 이렇게 막대기를 세우는 방식으로 숫자 10을 표기했었다

十人 십인
十色 십색
十分 십분

열 십

일자산 허브천문공원 앞 빵집에서 십자 모양이 새겨진 빵을 샀다

부수 十
(열십 2획)

워크북 Work book

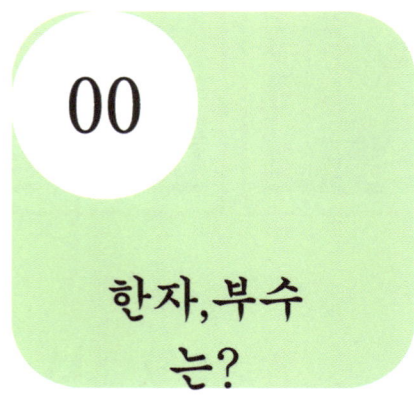

1. 한자 스토리
   나의 스토리를 만들어 보세요

*한자의 기원

2. 앞에 나온 한자 단어 3개 기억해 볼까요?

01 一

一자는 '하나'나 '첫째', '오로지'라는 뜻을 가진 글자이다. 一자는 막대기를 옆으로 눕혀놓은 모습을 그린 것이다. 고대에는 막대기 하나를 눕혀 숫자 '하나'라 했다

一日 일일
一方 일방
一同 일동

한 일

암사동 선사유적지에 금메달을 딴 아이가 한일이 새겨진 비문을 들고 있다

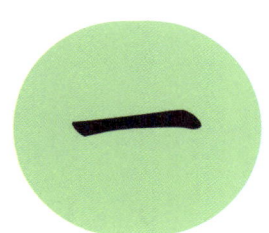

부수 一
(한일 1획)

一

워크북 Work book

01 한자, 부수는?

1. 한자 스토리
나의 스토리를 만들어 보세요

*한자의 기원

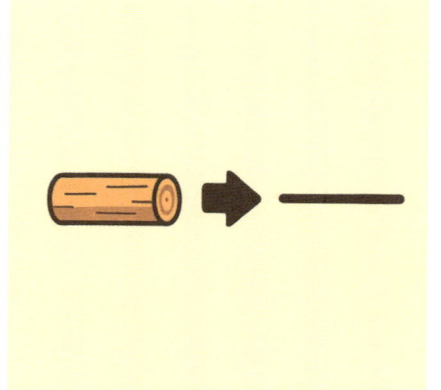

2. 앞에 나온 한자 단어 3개 기억해 볼까요?

02 二

二자는 '둘'이나 '둘째', '두 번'이라는 뜻을 가진 글자이다. 二자는 나무막대기나 대나무를 나열한 모습을 그린 것이다

二人 이인
二色 이색
二世 이세

두 이

서울에 사는 영이는 암사 태양광발전소에 가서 친구랑 둘이 햇빛을 보고 있다

부수 二
(두이 2획)

一 二

워크북 Work book

한자, 부수는?

1. 한자 스토리를 나의 스토리로 만들어 보세요

*한자의 기원

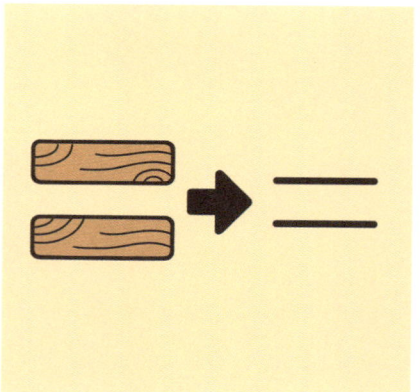

2. 앞에 나온 한자 단어 3개 기억해 볼까요?(상형문자참조)

03 三

三자는 '셋'이나 '세 번', '거듭'이라는 뜻을 가진 글자이다
三자는 나무막대기 3개를 늘어놓은 모습을 그린 것이다
고대에는 대나무나 나무막대기를 늘어놓은 방식으로 숫자를 그린 것이다

三國 삼국
三星 삼성
三千 삼천

석 삼

김영삼 대통령은 고덕V센터 안에서
산삼을 보면서 셋이서 이야기를 나누고있다

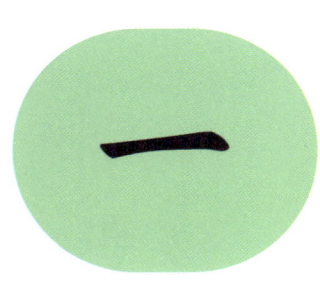

부수 一
(한일 1획)

一 二 三

워크북 Work book

03 한자, 부수는?

1. 한자 스토리
   나의 스토리를 만들어 보세요

*한자의 기원

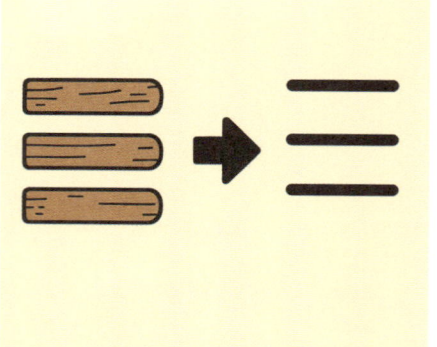

2. 앞에 나온 한자 단어 3개 기억해 볼까요?

04 四

四자는 숫자 '넷'을 뜻하는 글자이다. 그런데 四자의 갑골문을 보면 긴 막대기 4개를 그린 亖(넉 사)자가 그려져 있었다. 그러니까 갑골문에서는 막대기 4개를 나열해 숫자 4를 뜻했던 것이다

四方 사방
四面 사면
四時 사시

광진교 8번가 근처 공사장 앞에서 공군사관학생 네명이 도로공사 안전봉을 들고 있다

 부수 口
(큰입구몸 3획)

넉 사

丨 冂 冂 四 四 四

워크북 Work book

04 한자, 부수는?

＊한자의 기원

1. 한자 스토리
   나의 스토리를 만들어 보세요

2. 앞에 나온 한자 단어 3개
   기억해 볼까요?

05 五

05. 영어 엘리자베스 여왕

05. 한강 광나루 드론공원

五자는 '다섯'이나 '다섯 번'이라는 뜻을 가진 글자이다
五자는 나무막대기를 엇갈려 놓은 모습을 그린 것이다
고대에는 나무막대기나 대나무를 일렬로 나열하는 방식으로 숫자를 표기했다

五感 오감
五月 오월
五色 오색

한강 광나루 드론공원 잔디밭에서 엘리자베스 여왕이 다섯명에게 영어를 가르치고 있다

부수 二
(두이 2획)

다섯 오

一 丆 㐅 五

워크북 Work book

05

한자, 부수는?

1. 한자 스토리
   나의 스토리를 만들어 보세요

*한자의 기원

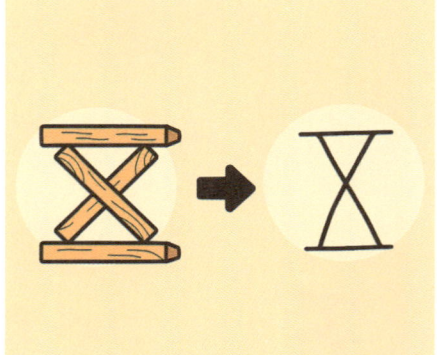

2. 앞에 나온 한자 단어 3개
   기억해 볼까요?(상형문자참조)

06 六

六자는 '여섯'이나 '여섯 번'이라는 뜻을 가진 글자이다. 六자는 八(여덟 팔)자가 부수로 지정되어 있지만, 숫자 '여덟'과는 아무 관계가 없다. 六자의 기원에 대해서도 명확한 것이다

六角　육각
六號　육호
六法　육법

한국 점자도서관 안으로 여섯명의 사람들이 들어와 공유기를 함께 설치하고 있다

부수 八
(여덟팔 2획)

여섯 육

、 亠 六 六

워크북 Work book

06 한자, 부수는?

06. 공유기

06. 한국 점자 도서관

1. 한자 스토리
   나의 스토리를 만들어 보세요

*한자의 기원

2. 앞에 나온 한자 단어 3개 기억해 볼까요?

07 七

七자는 칼로 무언가를 내리치는 모습을 그린 것이다. 갑골문과 금문에 나온 七자를 보면 十자 모양이 그려져 있었다. 이것은 칼로 사물을 자르는 모습을 표현한 것이다

七旬 칠순
七星 칠성
七月 칠월

천호문구완구거리에서 손흥민은 일곱명의 아이들과 함께 007영화 놀이를 하고 있다

부수 一
(한일 1획)

일곱 칠

一 七

워크북 Work book

07

한자, 부수는?

1. 한자 스토리
   나의 스토리를 만들어 보세요

*한자의 기원

2. 앞에 나온 한자 단어 3개
   기억해 볼까요?

08 八

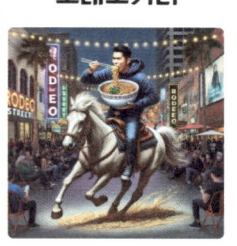

八자는 사물이 반으로 쪼개진 모습을 그린 것이다. 그래서 이전에는 '나누다'라는 뜻으로 쓰였었다. 그러나 후에 숫자 '여덟'로 가차되면서 지금은 여기에 刀자를 더한 分자가 '나누다'라는 뜻을 대신하고 있다

八道 팔도
八旬 팔순
八方 팔방

여덟 팔

천호로데오거리 벤치에 앉아 여덟 명이 둘러앉아 팔도라면을 나눠 먹고 있다

부수 八
(여덟팔 2획)

워크북 Work book

08

한자, 부수는?

1. 한자 스토리
   나의 스토리를 만들어 보세요

*한자의 기원

2. 앞에 나온 한자 단어 3개 기억해 볼까요?

09 九

09. 영구, 공구상가
09. 강풀 만화거리

九자는 숫자 '아홉'을 뜻하는 글자이다. 九자는 乙(새을)자가 부수로 지정되어 있지만 '새'와는 아무 관계가 없다. 후에 숫자 '아홉'으로 가차(假借)되면서 본래의 의미는 더는 쓰이지 않고 있다

九月 구월
九日 구일
九龍 구룡

아홉 구

강풀만화거리 한복판에서 영구가 공구상가 물건 들고 아홉 명과 장난치며 웃고 있다

부수 乙
[乙, ㄱ, ㄴ]
(새을, 1획)

丿 九

워크북 Work book

09 한자, 부수는?

09. 영구, 공구상가

09. 강풀 만화거리

*한자의 기원

1. 한자 스토리
   나의 스토리를 만들어 보세요

2. 앞에 나온 한자 단어 3개 기억해 볼까요?

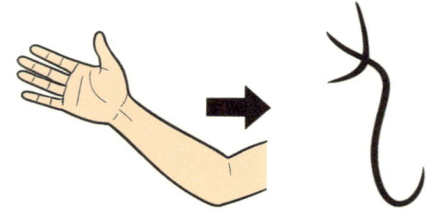

선생님과 떠나는 요일 여행

금메달 딴 **여선생님이 (일주일동안)**
월요일부터 일요일까지 포상휴가를 떠나요!

그룹	한자	스토리
1그룹 (금메달)	女先生 月火水木金土日	금메달 딴 여선생이 일주일동안 여행을 떠나다

10 女

10. 십자가

10. 서울아산병원

女자는 '여자'나 '딸', '처녀'라는 뜻을 가진 글자로 만들어졌지만, 지금은 포괄적인 의미에서 '여성'이라는 뜻으로 쓰이고 있다. 女자의 갑골문을 보면 무릎을 꿇고 단아하게 손을 모으고 있는 여자가 그려져 있었다

男女 남녀
淑女 숙녀
女人 여인

서울아산병원 옥상에 있는 십자가를 흰 가운 입은 여의사가 바라보고 있다

부수 女
(여자녀 3획)

여자 여

ㄑ ㄌ 女

워크북 Work book

10 한자, 부수는?

1. 한자 스토리
   나의 스토리를 만들어 보세요

*한자의 기원

2. 앞에 나온 한자 단어 3개 기억해 볼까요?

11 先

11. 빼빼로

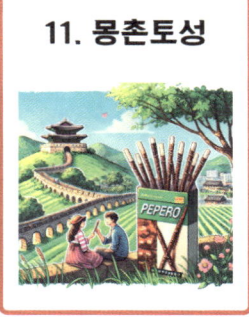
11. 몽촌토성

先자는 '먼저'나 '미리'라는 뜻을 가진 글자이다. 先자는 牛자와 儿(어진사람 인)자가 결합한 모습이다. 그러나 先자의 갑골문을 보면 사람보다 발이 앞서 나가는 모습을 표현한 것이다

先生 선생
先行 선행
先輩 선배

몽촌토성에 먼저 도착한 남학생이 빼빼로를 들고 여친을 기다리고 있다

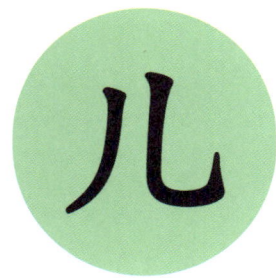
부수 儿
(어진사람인발 2획)

먼저 선

丿 ⺊ 屮 牛 先 先

워크북 Work book

11 한자, 부수는?

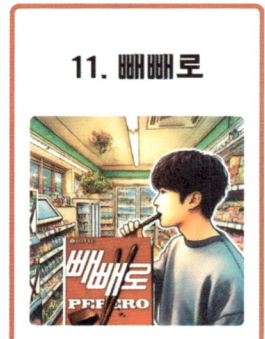

1. 한자 스토리
   나의 스토리를 만들어 보세요

*한자의 기원

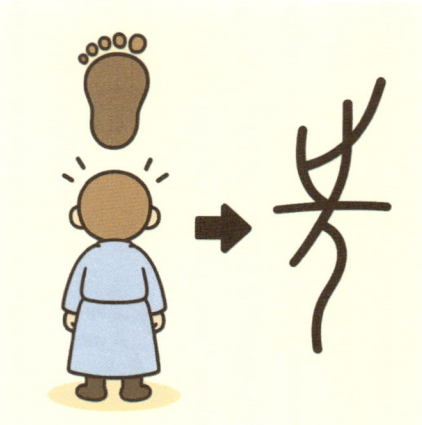

2. 앞에 나온 한자 단어 3개 기억해 볼까요?

12 生

生자는 '나다'나 '낳다', '살다'라는 뜻을 가진 글자이다. 生자의 갑골문을 보면 땅 위로 새싹이 돋아나는 모습이 그려져 있었다. 새싹이 돋아나는 것은 새로운 생명이 탄생했음을 의미한다

生死 생사
生存 생존
生氣 생기

날 생

한성백제박물관 앞에서 새싹을 밟은 방문객 3명 때문에 112 경찰차가 출동했다

부수 生
(날생 5획)

丿 ㅏ ㅗ 牛 生

워크북 Work book

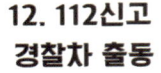
한자,부수는?

1. 한자 스토리
   나의 스토리를 만들어 보세요

*한자의 기원

2. 앞에 나온 한자 단어 3개 기억해 볼까요?

13 月

月자는 초승달을 그린 것이다. 보름달은 '해'와 외형상 차이가 없으므로 초승달을 그려 '달'을 표현한 것이라 할 수 있다. 月자는 달이 차오르고 지는 주기성과 관계된 의미를 전달한다

滿月 만월
月光 월광
月末 월말

한국체육대학 운동장에서 학생들이 13일의 금요일 영화를 보고 있는데, 하늘에 커다란 보름달이 떠 있다

 부수 月[月]
(달월 4획)

달 월

丿 几 月 月

워크북 Work book

13 한자, 부수는?

1. 한자 스토리
   나의 스토리를 만들어 보세요

*한자의 기원

2. 앞에 나온 한자 단어 3개 기억해 볼까요?

14 火

14. 114 공중전화부스

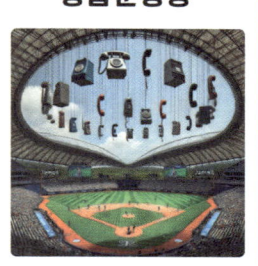

14. 잠실 종합운동장

火자는 '불'이라는 뜻을 가진 글자입니다. 火자는 불길이 솟아오르는 모습을 그린 것으로 다른 글자와 결합할 때는 '열'이나 '불의 성질'과 관련된 뜻을 전달합니다. 火 자가 부수로 쓰일 때는 어느 위치에 있느냐에 따라 모양이 달라집니다

火災 화재
火山 화산
火力 화력

불 화

잠실종합운동장 앞 114 전화부스에 불(火)이 났다

火 부수火[灬]
(불화 4획)

丶 丷 少 火

워크북 Work book

14 한자, 부수는?

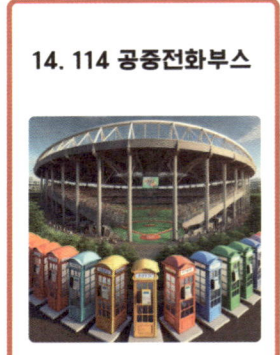
14. 114 공중전화부스

14. 잠실 종합운동장

1. 한자 스토리
   나의 스토리를 만들어 보세요

*한자의 기원

2. 앞에 나온 한자 단어 3개 기억해 볼까요?

15 水

15. 보름달

15. 롯데월드 매직 아일랜드

水자는 '물'이나 '강물', '액체'라는 뜻을 가진 글자이다. 水자는 시냇물 위로 비가 내리는 모습을 그린 것이다. 水자의 갑골문을 보면 시냇물 주위로 빗방울이 떨어지는 모습이 그려져 있는데, 이것은 '물'을 표현한 것이다

水中 수중

水泳 수영

氷水 빙수

물 수

롯데타워 옥상 위에 보름달이 떠 있고, 주변에는 호수가 있다

부수 水 [氵, 氺]
(물수 4획)

亅 기 가 水

워크북 Work book

15 한자, 부수는?

1. 한자 스토리
   나의 스토리를 만들어 보세요

*한자의 기원

2. 앞에 나온 한자 단어 3개 기억해 볼까요?

16 木

木 자는 나무의 뿌리와 가지가 함께 표현된 상형문자이다. 땅에 뿌리를 박고 가지를 뻗어 나가는 나무를 표현한 글자라 할 수 있다.

木材 목재
木手 목수
木工 목공

나무 목

석촌호수 근처 삼전도비 옆에서 인류요리사가 짜파게티를 끓이며 나무(木) 그늘 아래 쉬고 있다

부수木
(나무목 4획)

一 十 才 木

워크북 Work book

16

한자, 부수는?

1. 한자 스토리
   나의 스토리를 만들어 보세요

*한자의 기원

2. 앞에 나온 한자 단어 3개
   기억해 볼까요?

17 金

17. 117학폭신고, LG그램 17노트북, C-17미군수송기

17. 가락동시장

金자는 '금속'이나 '화폐'라는 뜻을 가진 글자이다. 金자가 부수로 쓰일 때는 '금속'이나 금속으로 만들어진 물건과 관련된 의미를 전달하게 된다

預金 예금
稅金 세금
金星 금성

쇠 금, 성씨 김

가락동시장에서 LG그램 17 노트북으로 학폭신고를 하는 사이, 하늘에는 금(金)을 가득 실은 C-17 미군 수송기가 날아오고 있다

부수 金 [钅]
(쇠금 8획)

丿 人 𠆢 亼 仐 佘 佥 金

워크북 Work book

17 한자, 부수는?

*한자의 기원

1. 한자 스토리
   나의 스토리를 만들어 보세요

2. 앞에 나온 한자 단어 3개
   기억해 볼까요?

18 土

18. 신발, 욕

18. 경찰병원

土자는 '흙'이나 '토양', '땅', '장소'라는 뜻을 가진 글자이다. 흙을 표현하기 위해 지면 위로 흙덩어리가 뭉쳐있는 모습을 그린 것이다. 土자는 흙을 그린 것이기 때문에 부수로 쓰일 때는 흙과 연관되거나 '장소', '육지'와 관련된 뜻을 전달하게 된다

土地 토지
土星 토성
國土 국토

경찰병원 앞에서 신발에 흙(土)을 묻힌 채 욕을 하며 소란을 피우는 사람이 있었다

흙 토

부수 土
(흙토 3획)

一 十 土

워크북 Work book

18 한자, 부수는?

1. 한자 스토리
   나의 스토리를 만들어 보세요

*한자의 기원

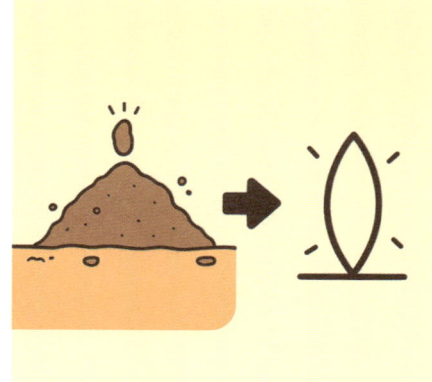

2. 앞에 나온 한자 단어 3개 기억해 볼까요?

19 日

19. 119소방차

19. 가든 파이브

日자는 태양을 그린 것으로 '날'이나 '해', '낮'이라는 뜻이 있다. 그래서 日 자가 비록 네모난 형태로 그려져 있지만, 본래는 둥근 태양을 표현한 것으로 이해해야 한다

今日 금일
休日 휴일
生日 생일

가든파이브 건물에 불이 나 119 소방차가 출동했고, 하늘에는 태양(日)이 밝게 비추고 있었다

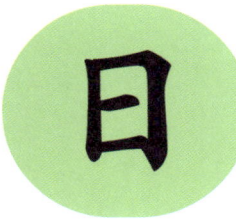
부수 日[日]
(날일 4획)

날 일

워크북 Work book

19

한자, 부수는?

*한자의 기원

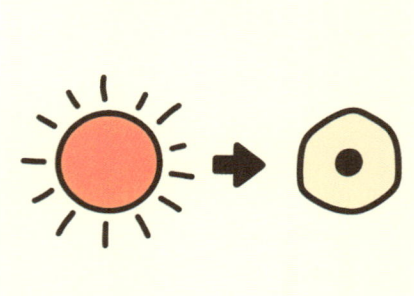

1. 한자 스토리
   나의 스토리를 만들어 보세요

2. 앞에 나온 한자 단어 3개
   기억해 볼까요?

왕과 친구들이 만든 나라

서울 사는 영이 남자 친구인 왕자가 백인인데
대한민국 (국)군학교에 입학했어요!

그룹	한자	스토리
2그룹 (영이)	王 白人 大韓民國 (國)軍學校	영이 남자친구는 왕 백인이야, 대한민국 군(사)학교에서 교육받다

20 王

골문에 나온 왕자는 立(설 립)자와 비슷한 형태로 그려져 있었다. 하지만 이것은 고대에 권력을 상징하던 도끼의 일종을 그린 것으로 금문에서는 도끼가 좀 더 명확히 표현되기도 했다

王國 왕국
女王 여왕
王宮 왕궁

압구정 로데오거리에서 왕자가 새겨진 이순신 동상 앞 벤치에서 이영자가 고기를 먹고 있다

玉 부수 王 [玉]
(구슬옥변 5획)

임금 왕

소전에서는 王자와 玉(구슬 옥)자가 혼동되어 해서에서는 玉자에 점을 하나 더해 王자 玉자를 구별. 부수에서 다소 혼돈이 있기도 하다 획수가 4획과 5획으로 불분명

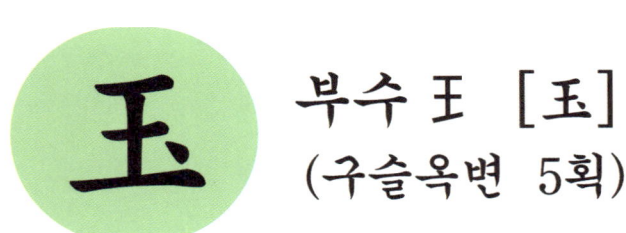

워크북 Work book

20 한자, 부수는?

1. 한자 스토리
   나의 스토리를 만들어 보세요

*한자의 기원

2. 앞에 나온 한자 단어 3개 기억해 볼까요?

玉(구슬옥部)가 변(邊)에 쓰일 때는 글자모양은 王으로, 명칭은 구슬 옥변部로 바뀜. 구슬 세 개를 꿴 모양을 본뜬 글자. 후에, 王(임금 왕)과의 혼동을 피하기 위해 점을 덧붙임

21 白

'희다'나 '깨끗하다', '진술하다'라는 뜻을 가진 글자이다. 촛불의 심지와 밝게 빛나는 불빛을 표현한 것이다. 그래서 白자는 '밝다'나 '빛나다'라는 뜻을 갖게 되었다

白紙 백지
白雪 백설
明白 명백

21세기병원 앞 현대백화점 벽은 눈처럼 희다

흰백

白 부수 白
(흰백 5획)

′ 亻 ㇆ 甶 白

워크북 Work book

21

한자, 부수 는?

1. 한자 스토리
   나의 스토리를 만들어 보세요

*한자의 기원

2. 앞에 나온 한자 단어 3개 기억해 볼까요?

22 人

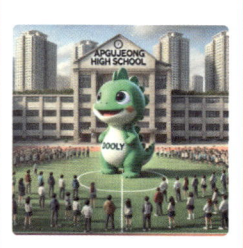

人(인)자는 '사람'을 뜻한다. 한자 중에서도 가장 널리 사용되며, 상용한자 중 人자를 부수로 가진 글자는 88자나 된다. 고대부터 인간을 대표하는 상징적인 글자로 여겨졌다

人口 인구
人生 인생
名人 명인

압구정고등학교 앞에 있는 아기 공룡 둘리를 보려고 사람들이 몰려왔다

사람 인

부수 人 [亻]
(사람인 2획)

워크북 Work book

22 한자, 부수는?

22. 아기공룡둘리

22. 압구정고

1. 한자 스토리
   나의 스토리를 만들어 보세요

*한자의 기원

2. 앞에 나온 한자 단어 3개
   기억해 볼까요?

23

갑골문에 나온 大자를 보면 양팔을 벌리고 있는 사람이 그려져 있었다. 이것은 '크다'라는 뜻을 표현한 것이다

大門 대문
大地 대지
大王 대왕

도산공원 농구코트에서 마이클조던처럼 큰 사람이 덩크슛을 한다

 부수 大
(큰대 3획)

클 대/큰 대, 클 태

一 ナ 大

워크북 Work book

23 한자, 부수는?

*한자의 기원

1. 한자 스토리
   나의 스토리를 만들어 보세요

2. 앞에 나온 한자 단어 3개 기억해 볼까요?

24 韓

24. 이삿짐센터

24. 국기원

'韓'자는 倝(햇빛 간)자와 韋(가죽 위)자가 결합한 모습이다. 倝자는 '햇빛'이라는 뜻을 갖고 있다. 韓자는 햇빛이 성을 비추는 모습으로 해석된다. 韓자는 대한민국의 약칭이니 '아침의 나라'라는 이름에 걸맞은 글자이다

韓國 한국
韓服 한복
韓食 한식

대한민국 국기원 앞에 이삿짐센터 트럭이 있다

부수 韋
(가죽위 9획)

한국 한, 나라 한

一 十 十 古 古 古 直 卓 卓
卓 卓 卓 韓 韓 韓 韓 韓

워크북 Work book

24 한자, 부수는?

1. 한자 스토리
나의 스토리를 만들어 보세요

*한자의 기원

2. 앞에 나온 한자 단어 3개 기억해 볼까요?

25 民

民(민)자는 '백성'이나 '사람'을 뜻한다. 부수는 氏(성씨 씨)이지만 성씨와는 무관하다. 民자의 글자 모양은 사람의 눈을 찌르는 모습을 본떠 백성을 통제하는 의미에서 만들어졌다

民族 민족
民法 민법
民生 민생

6.25전쟁 다큐를 타워팰리스 거실에서 백성이 보고 있다

 부수 民 4획
(氏 각시씨 4획)

백성 민

7 コ ア ア 民

워크북 Work book

25 한자, 부수는?

1. 한자 스토리
   나의 스토리를 만들어 보세요

*한자의 기원

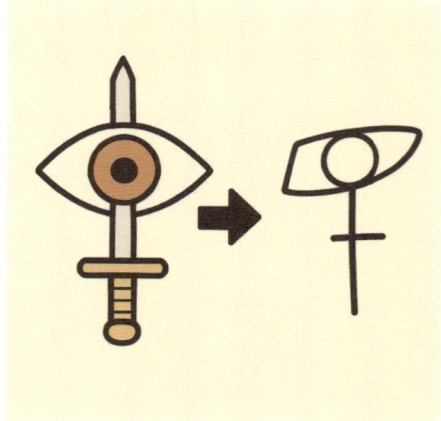

2. 앞에 나온 한자 단어 3개 기억해 볼까요?

氏 [성씨 씨]
뻗어 나가던 뿌리가 지상(地上)으로 올라와서 퍼진 모양을 본떠 성씨(姓氏)」의 뜻을 나타낸 글자.

26

國자는 '나라'나 '국가'라는 뜻을 가진 글자이다. 國자는 囗(에운담 위)자와 或(혹 혹)자가 결합한 모습이다. 或자는 창을 들고 성벽을 경비하는 모습을 그린 것이다. 그래서 이전에는 或자가 '나라'라는 뜻으로 쓰였었다.

國語 국어
國家 국가
本國 본국

대한민국 삼성서울병원 위로 비행기가 이륙한다

나라 국

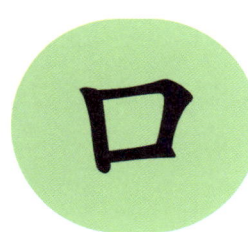

부수 囗
(큰입구몸 3획)

丨 冂 冂 冂 冋 冋 同 國 國 國 國

워크북 Work book

26 한자, 부수는?

1. 한자 스토리
   나의 스토리를 만들어 보세요

*한자의 기원

2. 앞에 나온 한자 단어 3개 기억해 볼까요?

27 軍

27. 이층버스

27. 삼릉공원 (선릉)

軍자는 '군대'나 '진치다'라는 뜻을 가진 글자이다. 軍자는 車(수레 차)자와 冖(덮을 멱)자가 결합한 모습이다 이것은 군대의 진지 안에 전차가 즐비하다는 뜻을 표현한 것이며 이러한 모습들이 변형되면서 冖자와 결합한 軍자가 만들어지게 되었다

軍隊 군대
國軍 국군
軍人 군인

선릉공원 옆 도로에서 군사들 옆에 이층버스가 지나간다

車 부수 車 [车]
(수레차 7획)

군사 군

丶 冖 冖 冎 冒 冒 冒 軍 軍

워크북 Work book

27 한자, 부수는?

 27. 이층버스

 27. 삼릉공원 (선릉)

1. 한자 스토리
   나의 스토리를 만들어 보세요

*한자의 기원

2. 앞에 나온 한자 단어 3개 기억해 볼까요?

28 學

學자는 '배우다'나 '공부하다'라는 뜻을 가진 글자이다. 學자는 臼(절구 구)자와 冖(집 면)자, 爻(효 효)자, 子(아들 자)자가 결합한 모습이다

學院 학원
學位 학위
學問 학문

코엑스 아쿠아리움에서 이팔청춘들이 악어이빨 구조를 배우고 있다

부수 子
(아들자 3획)

배울 학

워크북 Work book

28
한자, 부수는?

1. 한자 스토리
   나의 스토리를 만들어 보세요

*한자의 기원

2. 앞에 나온 한자 단어 3개 기억해 볼까요?

29 校

29. 이구아나

29. 봉은사

校자는 '학교'나 '장교', '부대'라는 뜻을 가진 글자이다.
校자는 木(나무 목)자와 交(사귈 교)자가 결합한 모습이다.
交자는 다리를 꼬고 앉아있는 사람을 그린 것이다

將校 장교
學校 학교
校長 교장

학교 교

올림픽 학교 체험학습으로 봉은사에
온 아이들이 이구아나를 만났다

부수 木
(나무목 4획)

一 十 十 木 木 木
杧 杧 栌 校

워크북 Work book

29 한자, 부수는?

29. 이구아나

29. 봉은사

1. 한자 스토리
   나의 스토리를 만들어 보세요

*한자의 기원

2. 앞에 나온 한자 단어 3개 기억해 볼까요?

교실에서 만난 가족과 바람 방향

김영삼 전 대통령이 교관인 교실에 왕자의
부모형제가 동서남북에서 참관하러 왔어요!

그룹	한자	스토리
3그룹 (김영삼)	教室 父母兄弟 東西南北	김영삼 대통령이 교관으로 있는 교실에 왕의 부모형제가 동서남북에서 와서 참관하다

30 教

30. 삼성전자

30. 세빛섬

教자는 '가르치다'라는 뜻을 가진 글자이다. 教자는 爻(효효)자와 子자, 攵(칠 복)자가 결합한 모습이다. 教자는 회초리를 들어 아이를 가르친다는 뜻이다

教師 교사
教育 교육
教材 교재

세빛섬 행사장에서 삼성전자 직원이 어린이에게 기술을 가르친다

攵 부수 攵
(등글월문, 칠복 4획)

가르칠 교

一 十 土 孝 孝
孝 孝 孝 教 教

워크북 Work book

30

한자, 부수는?

*한자의 기원

1. 한자 스토리
   나의 스토리를 만들어 보세요

2. 앞에 나온 한자 단어 3개 기억해 볼까요?

31 室

31. 3.1운동

31. 고속 버스터미널

室자는 '집'이나 '거실'이라는 뜻을 가진 글자이다. 고대 중국에서는 사랑채를 堂이라 하고 안쪽에 있는 방을 室이라 했다. 至자는 화살이 날아와 땅에 박혀 있는 모습을 그린 것으로 '이르다'라는 뜻을 갖고 있다.

居室 거실
室內 실내
教室 교실

고속버스 터미널앞에서 3.1운동을 기념하고 식당 안에서 밥을 먹었다

부수 宀
(갓머리 3획)

집 실

워크북 Work book

31 한자, 부수는?

1. 한자 스토리
   나의 스토리를 만들어 보세요

*한자의 기원

2. 앞에 나온 한자 단어 3개 기억해 볼까요?

32 父

'아버지'나 '어른'이라는 뜻을 가진 글자이다. 父는 손에 막대기를 들고 있는 모습을 그린 것으로 무리 내에서 권력을 가지고 있던 사람을 뜻했었다. 父자는 본래 공동체의 '어른'을 뜻했었지만, 후에 집안의 어른인 '아버지'를 뜻하게 되었다

父親 부친
父子 부자
父愛 부애

카톨릭대학교 성모병원 앞에서 아버지와 딸이 열정적으로 사미인곡을 부른다

부수 父
(아비부 4획)

아버지 부

′ ′′ ′′′ 父

워크북 Work book

32 한자, 부수는?

1. 한자 스토리
   나의 스토리를 만들어 보세요

*한자의 기원

2. 앞에 나온 한자 단어 3개
   기억해 볼까요?

33 母

母자는 '어미'나 '어머니'를 뜻하는 글자이다. 갑골문에서는 母자와 女(계집 여)자가 매우 비슷한 모습으로 그려져 있었다. 母자는 여성의 가슴 부위에 점을 찍어 아기에게 젖을 물려야 하는 어머니를 표현하고 있었다

母國　모국
生母　생모
母性　모성

방배동 카페골목에서 어머니가 삼겹살을 굽고 있다

부수 毋
(말무 4획)

어머니 모

乚 乛 毋 毋 母 母

워크북 Work book

33 한자, 부수는?

*한자의 기원

1. 한자 스토리
   나의 스토리를 만들어 보세요

2. 앞에 나온 한자 단어 3개 기억해 볼까요?

34 兄

兄자는 '형'이나 '맏이'라는 뜻을 가진 글자이다. 兄자는 儿(어진사람 인)자에 口(입 구)자가 결합한 모습이다. 갑골문에 나온 兄자를 보면 하늘을 향해 입을 크게 벌리고 있는 사람이 그려져 있었다. 이것은 축문(祝文)을 읽는 모습을 표현한 것이다

兄弟 형제
親兄 친형
兄夫 형부

대법원 앞에서 동생이 기다리는 가운데, 삼사관학도생 형이 걸어나오고 있다

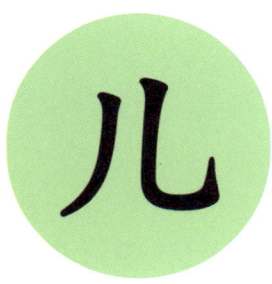

부수 儿
(어진사람인발 2획)

형 형, 맏 형

丿 丨 口 口 尸 兄

워크북 Work book

34 한자, 부수는?

34. 3사관학교

34. 대법원

*한자의 기원

1. 한자 스토리
   나의 스토리를 만들어 보세요

2. 앞에 나온 한자 단어 3개 기억해 볼까요?

35 弟

35. 사모곡

35. 예술의전당

弟자는 '아우'나 '나이 어린 사람'이라는 뜻을 가진 글자이다. 弟자는 弓(활 궁)자가 부수로 지정되어 있지만 '활'과는 아무 관계가 없다. 왜냐하면, 弟자는 나무토막에 줄을 감은 모양을 그린 것이기 때문이다. 弟자는 본래 나무토막에 줄을 순서대로 묶는다 하여 '차례'나 '순서'를 뜻했었다

兄弟 형제
弟妹 제매
弟子 제자

예술의 전당 앞에서 사모곡이 흐르자 아우가 마이크를 잡았다

부수 弓
(활궁 3획)

아우 제

丶 丷 ^业 当 弟 弟

워크북 Work book

35 한자, 부수는?

*한자의 기원

1. 한자 스토리
   나의 스토리를 만들어 보세요

2. 앞에 나온 한자 단어 3개 기억해 볼까요?

36 東

36. 36계 줄행랑

36. 양재 시민의숲 윤봉길 의사기념관

'동쪽'이나 '동녘'이라는 뜻을 가진 글자이다. 東자는 木(나무 목)자와 日(날 일)자가 결합한 모습이다. 그래서 이전에는 해(日)가 떠오르며 나무(木)에 걸린 모습으로 해석하곤 했었다. 그러나 갑골문이 발견된 이후에는 東자가 보따리를 꽁꽁 묶어놓은 모습을 그린 것임을 알게 되었다

東方 동방
東海 동해
東門 동문

양재 시민의 숲 윤봉길 의사 기념관 앞, 동쪽에서 해가 뜨자 도둑이 36계 줄행랑을 치고 있다

부수 木
(나무목 4획)

동녘 동

一 厂 厅 㐂 甶 車 東 東

워크북 Work book

36

한자, 부수는?

＊한자의 기원

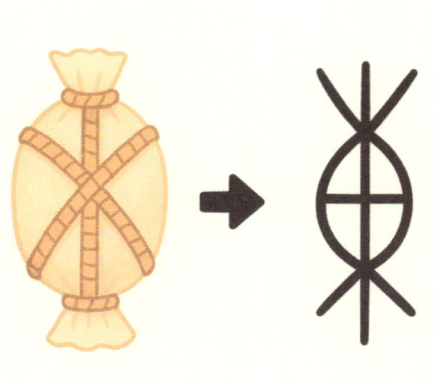

1. 한자 스토리
   나의 스토리를 만들어 보세요

2. 앞에 나온 한자 단어 3개 기억해 볼까요?

37 西

37. 신생아 37일 산후조리기간

37. 헌인릉

西자는 '서녘'이나 '서쪽'이라는 뜻을 가진 글자이다. 西자는 襾(덮을 아)자가 부수로 지정되어 있지만 '덮다'라는 뜻과는 아무 관계가 없다. 西자는 새의 둥지를 그린 것이기 때문이다. 갑골문에 나온 西자를 보면 나뭇가지를 엮어 만든 새집이 그려져 있었다

西洋 서양
西風 서풍
西門 서문

서녘 서

현인릉에 태어난지 37일된 신생이은 잠이들고, 엄마는 서쪽으로 갔다

부수 西
(덮을아 6획)

一 冂 冋 襾 西

워크북 Work book

37 한자, 부수는?

*한자의 기원

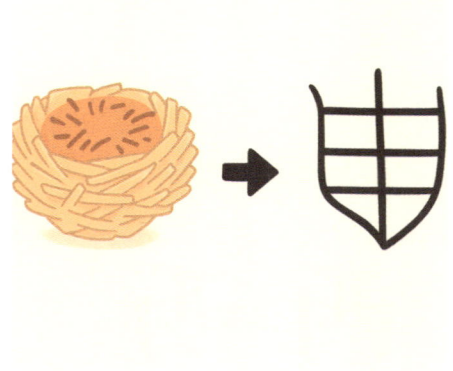

1. 한자 스토리
   나의 스토리를 만들어 보세요

2. 앞에 나온 한자 단어 3개
   기억해 볼까요?

38 南

38. 3.8선

38. 국가정보원

南 자는 '남녘'이나 '남쪽'이라는 뜻을 가진 글자이다. 南 자는 악기로 사용하던 종의 일종을 그린 것이다. 南 자의 갑골문을 보면 상단에는 걸개가 있고 그 아래로는 종이 그려져 있었다. 그래서 南 자는 종의 일종을 그린 것이었지만 일찍이 '남쪽'이라는 뜻으로 가차(假借)되었다

南北 남북
西南 서남
東南 동남

국가정보원 근처 건물 옥상에서 한 남자가 3.8선 남쪽을 향해 망원경을 보고있다

부수 十
(열십 2획)

남녘 남

一 十 十 冇 冇
宂 宂 南 南

워크북 Work book

38 한자, 부수는?

38. 3.8선

38. 국가정보원

*한자의 기원

1. 한자 스토리
   나의 스토리를 만들어 보세요

2. 앞에 나온 한자 단어 3개
   기억해 볼까요?

39 北

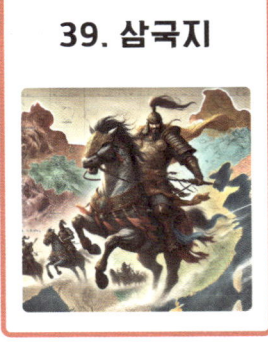
39. 삼국지

39. 서울 만남의 광장

'북'이나 '북쪽'이라는 뜻을 가진 글자이다. 北자의 갑골문을 보면 두 사람이 서로 등을 맞댄 모습이 그려져 있었다 北자의 본래 의미는 '등지다'나 '배후'였다. 그러나 후에 가옥의 형태가 남향으로 정착되면서 北자는 남향의 반대 방향이라는 의미에서 '북쪽'을 뜻하게 되었다

北方 북방
北極 북극
北部 북부

북녘 북

서울 만남의광장 입구 북쪽 벽에
삼국지 영화 포스터가 붙어 있다

부수 匕
(비수비 2획)

丨 ㅏ ㅓ 圵 北

워크북 Work book

39 한자, 부수는?

39. 삼국지

39. 서울 만남의 광장

*한자의 기원

1. 한자 스토리
   나의 스토리를 만들어 보세요

2. 앞에 나온 한자 단어 3개 기억해 볼까요?

은퇴한 사장님의 산속 이야기

공사장에서 일을 해서 손마디가 굵은
중소기업 사장님이 아들에게 물려주고
공사장 외문으로 떠나
청산에서 만년동안 살아요!

그룹	한자	스토리
4그룹 (공사)	寸 中 小 長 外 門 青 山 萬 年	(일을 많이 해서) 손마디가 굵은 중소기업사장이 공사장에서 은퇴식 후 외문으로 나가서 청산에서 만년 동안 잘 살다

40 寸

寸자는 '마디'나 '촌수'를 뜻하는 글자이다. 寸자는 又(또 우)자에 점을 찍은 지사문자(指事文字)로 손끝에서 맥박이 뛰는 곳까지의 길이를 뜻하고 있다. 寸자에 있는 마디라는 뜻은 손가락 마디가 아닌 손목까지의 길이를 뜻하는 것이다.

寸數 촌수
四寸 사촌
三寸 삼촌

마디 촌

숭실대 기독교박물관 앞 강가에서 뱃사공이 노를 젓고, 하늘엔 손가락모형을 올려다본다

부수 寸
(마디촌 3획)

一 十 寸

워크북 Work book

40 한자, 부수는?

*한자의 기원

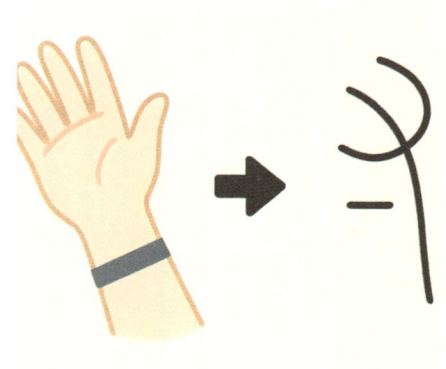

1. 한자 스토리
   나의 스토리를 만들어 보세요

2. 앞에 나온 한자 단어 3개
   기억해 볼까요?

41 中

41. 미사일

41. 중앙대학교

中자는 '가운데'나 '속', '안'이라는 뜻을 가진 글자이다. 갑골문이 발견된 이후에는 이것이 군 진영에 깃발을 꽂아놓은 모습을 그려졌던 것임을 알 수 있게 되었다. 中자는 진지 중앙에 펄럭이는 깃발을 그린 것으로 '가운데'나 '중앙'을 뜻하고 있다

中央 중앙
中國 중국
中心 중심

가운데 중

중앙대학교 건물 한가운데에 미사일 모형이 세워져 있다

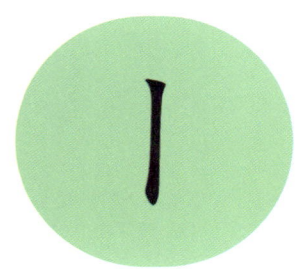

부수 丨
(뚫을곤 1획)

丶 ㄇ ㅁ 中

워크북 Work book

41

한자, 부수는?

41. 미사일

41. 중앙대학교

1. 한자 스토리
   나의 스토리를 만들어 보세요

*한자의 기원

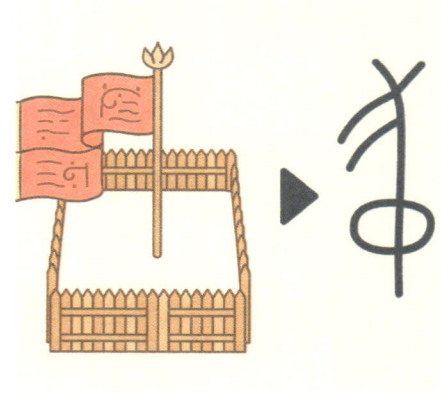

2. 앞에 나온 한자 단어 3개 기억해 볼까요?

42 小

小자는 '작다'나 '어리다'라는 뜻을 가진 글자이다. 小자는 작은 파편이 튀는 모습을 그린 것이기 때문에 '작다'라는 뜻을 갖게 되었다. 고대에는 小자나 少(적을 소)자의 구분이 없었다

小人 소인
小食 소식
小型 소형

작을 소

원불교 무대 앞, 싸이가 사이다 마시며 공연하고 작은 스님 인형들이 관객석에 앉아 있다

부수 小
[⺌, ⺍]

(작을소 3획)

亅 小 小

워크북 Work book

42 한자, 부수는?

*한자의 기원

1. 한자 스토리
   나의 스토리를 만들어 보세요

2. 앞에 나온 한자 단어 3개 기억해 볼까요?

43 長

長자는 '길다'나 '어른'이라는 뜻을 가진 글자이다. 長자는 머리칼이 긴 노인을 그린 것이다. 그래서 본래의 의미는 '길다'였다. 長자는 백발이 휘날리는 노인을 그린 것이기 때문에 후에 '어른', '우두머리'라는 뜻도 파생되었다

成長 성장
延長 연장
校長 교장

길 장/어른 장

국립현충원에 제주 4.3사태 추모비가 유난히 길게 세워져 있다

부수 長 [长, 镸]
(길장 8획)

丨 丆 厂 F F 镸

镸 镸 長

워크북 Work book

43 한자, 부수는?

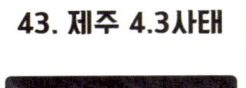

1. 한자 스토리
   나의 스토리를 만들어 보세요

*한자의 기원

2. 앞에 나온 한자 단어 3개 기억해 볼까요?

44 外

44. 사약, 사사

44. 노량진 수산시장

外자는 '바깥'이나 '겉', '표면'을 뜻하는 글자이다. 外자는 夕(저녁 석)자와 卜(점 복)자가 결합한 모습이다. 고대 중국에서는 아침에 점을 치는 것이 일반적이었다 外자는 저녁에 점을 치는 예외적인 경우라는 의미에서 '벗어나다'라는 뜻을 갖게 되었다

外國 외국
外出 외출
外部 외부

바깥 외

노량진수산시장에서 복어알 사약 마시는 장희빈 드라마 촬영모습을 사람들이 밖에서 구경하고 있다

부수 夕
(저녁석 3획)

丶 ク 夕 外 外

워크북 Work book

44

한자, 부수는?

*한자의 기원

1. 한자 스토리
   나의 스토리를 만들어 보세요

2. 앞에 나온 한자 단어 3개 기억해 볼까요?

45 門

45. 사오정

45. 노량진 고시학원가

門자는 '문'이나 '집안', '전문'이라는 뜻을 가진 글자이다. 갑골문에 나온 門자를 보면 양쪽으로 여닫는 큰 대문이 그려져 있었다. 戶(지게 호)자가 방으로 들어가는 외닫이 문을 그린 것이라면 門자는 집으로 들어가기 위한 큰 대문을 그린 것이다

大門 대문
校門 교문
窓門 창문

노량진 고시학원가 입구에서 사오정 탈을 쓴 응원단이 수험생들을 응원하고 있다

門 부수 門 [门]
(문문 8획)

문문

丨 丨 丨 丨 丨 門 門 門

워크북 Work book

45 한자, 부수는?

*한자의 기원

1. 한자 스토리
   나의 스토리를 만들어 보세요

2. 앞에 나온 한자 단어 3개
   기억해 볼까요?

46 靑

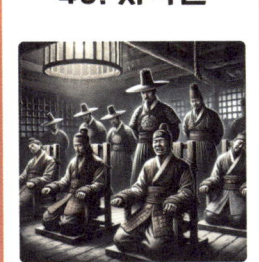
46. 사육신

46. 사육신공원

靑자는 '푸르다'나 '젊다', '고요하다'라는 뜻을 가진 글자이다. 靑자는 生(날 생)자와 井(우물 정)자가 결합한 모습이다. 生자는 푸른 싹이 자라는 모습을 그린 것으로 '싱싱하다'나 '나다'라는 뜻이 있다

靑春 청춘
靑年 청년
靑山 청산

사육신공원에 사육신 동상 옆으로 푸른깃발이 높이 휘날리고 있다

靑 부수靑 [靑]
(푸를청 8획)

푸를 청

一 = ‡ 主 井 靑 靑 靑

워크북 Work book

46 한자, 부수는?

1. 한자 스토리
나의 스토리를 만들어 보세요

*한자의 기원

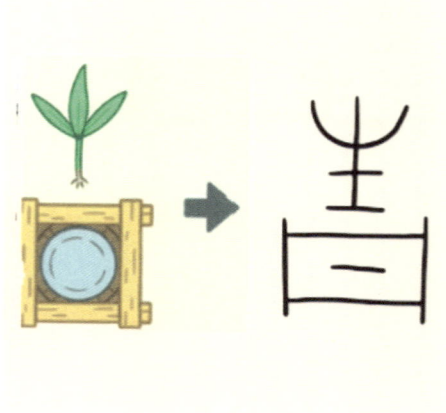

2. 앞에 나온 한자 단어 3개 기억해 볼까요?

47 山

47. 사치스런 된장녀

47. 보라매공원

山자는 '뫼'나 '산', '무덤'이라는 뜻을 가진 글자이다. 山자는 육지에 우뚝 솟은 3개의 봉우리를 그린 것으로 '산'을 형상화한 상형문자이다. 갑골문에 나온 山자를 보면 가파른 능선이 그려져 있어서 한눈에도 이것이 산을 그린 것임을 알 수 있었다

山川 산천
山水 산수
登山 등산

메산, 뫼산

보라매 공원에서 사치스런 된장녀가 산이 그려진 명품가방을 들고 있다

부수 山
(뫼산 3획)

丨 凵 山

워크북 Work book

47 한자, 부수는?

47. 사치스런 된장녀 47. 보라매공원

1. 한자 스토리
   나의 스토리를 만들어 보세요

＊한자의 기원

2. 앞에 나온 한자 단어 3개 기억해 볼까요?

48 萬

48. 사파리

48. 양녕대군묘 (지덕사)

萬자는 艹(풀 초)자와 禺(긴꼬리원숭이 우)자가 결합한 모습이다. 萬자는 본래 '전갈'을 뜻하기 위해 만든 글자였다. 그러나 후에 숫자 '일만'으로 가차(假借)되면서 본래의 의미는 더 이상 쓰이지 않고 있다

萬年 만년
萬物 만물
萬能 만능

일만 만

양녕대군묘 앞에 사파리가 조성되었다, 그 중 코끼리 등 위에 원숭이 인형이 1만개 쌓여 있다

부수 艹
[艸,⺿,艹,𠂉]
(초두머리, 4획)

一 十 ㄐ 艹 ⺿ 芍 苩

苩 茍 萬 萬 萬

워크북 Work book

48

한자, 부수는?

1. 한자 스토리
   나의 스토리를 만들어 보세요

*한자의 기원

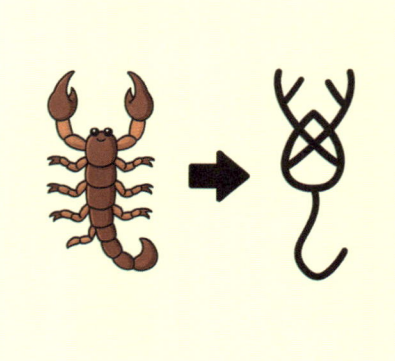

2. 앞에 나온 한자 단어 3개 기억해 볼까요?

49 年

49. 사사구

49. 총신대학교

年자는 禾(벼 화)자와 人(사람 인)자가 결합, 볏단을 등에 지고 간다는 것은 수확을 마쳤다는 뜻으로 한해가 마무리 되었다는 의미에서 '해'나 '새해'라는 뜻을 갖게 되었다

年月 연월
年日 연일
年末 연말

총신대학교 운동장에서 야구공에 맞아 쓰러진 선수가 하늘을 보니 아침 해가 떠오르고 있다

해 년

부수 干
(방패간 3획)

丿 ㇒ 仁 𠂉 年 年

워크북 Work book

49

한자, 부수는?

49. 사사구

49. 총신대학교

1. 한자 스토리
   나의 스토리를 만들어 보세요

*한자의 기원

2. 앞에 나온 한자 단어 3개 기억해 볼까요?

에필로그 – 50자의 길을 함께 걸어온 당신에게

처음 한자의 세계에 들어섰을 때, 어쩌면 낯설고 복잡하게 느껴졌을지 모릅니다. 모양도, 뜻도, 소리도 다른 글자들이 무려 50개나 된다는 사실에 걱정부터 앞섰을 수도 있었을 것입니다.

하지만 지금 이 책을 마지막 장까지 읽고 있는 당신은, 그 모든 글자들과 하나씩 인사를 나누고 친구가 된 사람입니다.

한자 50자, 단순히 숫자로 보면 작아 보일 수도 있지만, 그 안에는 수 천 년 전부터 이어져온 이야기와 문화, 그리고 깊은 생각이 담겨 있습니다. 이제 당신은 그 의미들을 단순히 외운 것이 아니라 기억하고, 연결하고, 이해한 사람입니다.

이번 학습에서는 특히 내비게이션 기억법을 통해 글자들을 '기억의 지도'로 그려보았습니다. 위치와 번호, 이미지와 연상으로 연결된 이 학습법은 여러분의 머릿속에 하나의 '길'을 만들었을 것입니다.

이 길은 단지 한자를 외우기 위한 수단이 아니라, 앞으로 어떤 지식을 학습할 때에도 길잡이가 되어줄 것입니다.

또한 메타인지 학습법을 통해 '내가 무엇을 알고, 무엇을 더 알아야 하는지'를 직접 점검해 보았습니다. 이 능력은 시험보다 더 중요한 것입니다.

앞으로 무엇을 배우든, 스스로 학습을 점검하고 방향을 조절할 수 있다면, 당신은 이미 '배우는 사람'으로서 큰 첫 발을 내디딘 셈입니다.

이제 여러분은 8급 한자 50자를 모두 마쳤습니다. 하지만 진짜 중요한 건, 그동안 스스로 집중하고, 기억하고, 다시 점검했던 과정입니다.

그 시간이 바로 여러분의 진짜 실력이고, 가장 소중한 자산입니다.

앞으로 7급, 6급, 더 많은 한자들을 만나게 될 수도 있고, 혹은 한자 외의 다른 공부를 시작할 수도 있습니다. 어떤 길을 가더라도, 자신만의 학습법을 가지고, 꾸준히 걸어가 보세요.

그 길 끝에는 반드시 완성이라는 기쁨이 기다리고 있을 것입니다.
마지막으로, 이 책을 끝까지 마친 여러분께 진심 어린 박수를 보냅니다. 한자의 길을 함께 걸어준 여러분, 수고 많으셨습니다.

그리고 다음 배움의 여정에서도, 늘 당신의 곁에서 길을 밝혀주는 '내비게이션' 같은 사람이 되기를 진심으로 바랍니다.

다음은 7급 한자의 문입니다.
문을 열 준비, 되셨나요?

00

00. 빵집

十

01. 금메달, 1등

一

02. 영이
서울에 사는 영이

二

03. 산삼
김영삼대통령

三

04. 공사
공군사관학교

四

05. 영어
엘리자베스 여왕

五

06. 공유기

六

07. 007영화, 손흥민

七

08. 팔도라면

八

09. 영구, 공구상가

九

00

00. 일자산 허브천문공원

01. 암사동 선사유적지

02. 암사 태양광발전소

03. 고덕 V 센터

04. 광진교 8번가

05. 한강 광나루 드론공원

06. 한국 점자 도서관

07. 천호 문구완구거리

08. 천호 로데오거리

09. 강풀 만화거리

10

10. 십자가

11. 빼빼로

12. 112신고 경찰차 출동

13. 13일의 금요일

14. 114 공중전화부스

15. 보름달

16. 일류 요리사 짜파게티

17. 117학폭신고, LG그램 17노트북, C-17미군수송기

18. 신발, 욕

19. 119소방차

10

10. 서울아산병원

女

11. 몽촌토성

先

12. 한성 백제 박물관

生

13. 한국 체육대학

月

14. 잠실 종합운동장

火

15. 롯데월드 매직 아일랜드

水

16. 석촌호수 삼전도비

木

17. 가락동시장

金

18. 경찰병원

土

19. 가든 파이브

日

20

20. 이순신,이영자

21. 21세기병원 2NE1

22. 아기공룡둘리

23. 마이클조던
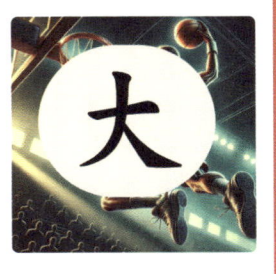

24. 이삿짐센터

25. 6.25전쟁

26. 비행기이륙

27. 이층버스

28. 이팔청춘 악어이빨

29. 이구아나

20

20. 압구정 로데오거리
王

21. 현대백화점

白

22. 압구정고

人

23. 도산공원

大

24. 국기원

韓

25. 타워팰리스

民

26. 삼성서울병원

國

27. 삼릉공원 (선릉)

軍

28. 코엑스

學

29. 봉은사

校

30

30. 삼성전자

教

31. 3.1운동

室

32. 사미인곡

父

33. 삼겹살

母

34. 3사관학교

兄

35. 사모곡

弟

36. 36계 줄행랑

東

37. 신생아 37일 산후조리기간

西

38. 3.8선

南

39. 삼국지

北

30

30. 세빛섬

31. 고속 버스터미널

32. 카톨릭대학교 성모병원

33. 방배동 카페 골목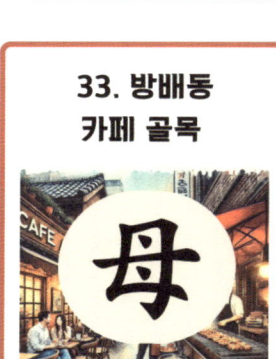

34. 대법원

35. 예술의전당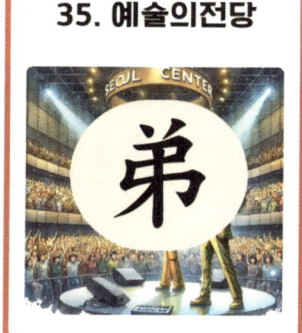

36. 양재 시민의숲 윤봉길 의사기념관

37. 헌인릉

38. 국가정보원

39. 서울 만남의 광장

40

40. 뱃사공
寸

41. 미사일
中

42. 싸이, 사이다
小

43. 제주 4.3사태
長

44. 사약, 사사
外

45. 사오정
門

46. 사육신
靑

47. 사치스런 된장녀
山

48. 사파리
萬

49. 사사구
年

40

40. 숭실대 기독교박물관
寸

41. 중앙대학교

中

42. 원불교

小

43. 국립현충원

長

44. 노량진 수산시장

外

45. 노량진 고시학원가

門

46. 사육신공원

靑

47. 보라매공원

山

48. 양녕대군묘 (지덕사)

萬

49. 총신대학교

年

30분만에 기억시켜 주는
8급 한자여행

지은이   좋은꿈 편집부

펴낸이   좋은꿈

펴낸곳   좋은꿈

연락처   네이버블로그 내비게이션 기억법
         010-2191-0991

발행일   2025년 6월 20일

ISBN   979-11-981632-3-3 63700
값 26,000원

이책의 판권은 지은이와 좋은꿈에 있습니다.
서면동의 없는 무단 전재 및 복제를 금합니다.